TRIER – Stadt und Geschichte

„Vor Rom stand Trier eintausend und dreihundert Jahre" – dies erzählt eine mittelalterliche Legende über die Entstehung der Stadt. Tatsächlich beginnt die Trierer Geschichte allerdings in der Mitte des 1. Jahrhunderts v. Chr.; Gaius Julius Caesar eroberte Gallien und integrierte das Moselgebiet in das römische Reich. Kaiser Augustus war es wohl, der schließlich 16 v. Chr. wegen der strategisch guten Lage hier eine Stadt gründete: AUGUSTA TREVERORUM – die Stadt des Kaisers Augustus im Land der Treverer.

Somit ist Trier die älteste Stadt Deutschlands. Hier residierten römische Kaiser, in späteren Epochen dann Bischöfe und Kurfürsten, durch deren Einfluß die Stadt bedeutend geprägt wurde. Die in großer Zahl erhaltenen monumentalen Baudenkmäler zeugen heute noch von Triers Bedeutung als einstige Weltstadt der Antike. Das Wahrzeichen der Stadt ist die

Kurfürstliches Palais ▽

imposante Porta Nigra („Schwarzes Tor), das mächtigste noch erhaltene römische Stadttor nördlich der Alpen. Die Mauern der Römischen Palastaula (Konstantin-Basilika) umschließen einen einzigen gewaltigen Raum, der die Größe und die Macht des damaligen Imperiums noch heute demonstriert. Auch das Zeitalter der Kirchenfürsten wird durch zahlreiche Bauten dokumentiert. Hier sind u. a. der Dom – Deutschlands älteste Bischofskirche – und die Liebfrauenkirche zu nennen.

Zum Ende des 3. Jahrhunderts machte Kaiser Diocletian Trier – fortan TREVERIS genannt – zur Residenz und Hauptstadt des weströmischen Teilreiches. Anfang des 4. Jahrhunderts residierte gar Kaiser Konstantin in Trier. Auf seine Veranlassung entstanden weitere beeindruckende Baudenkmäler, das Christentum breitete sich in dieser Zeit aus.

Seit 475 war Trier fränkisch. Bei der karolingischen Reichsteilung wurde die Stadt 870 durch den Vertrag von Meersen dem Ostreich (späteres Deutschland) zugesprochen und Mitte des 10. Jahrhunderts erhielt der Hauptmarkt das Marktrecht. Eine wechselvolle Geschichte zwischen Blütezeit und Niedergang erlebte die Stadt dann in der Epoche der Trierer Kurfürsten ab dem 12. Jahrhundert.

1815 kam die Stadt an die Preußen, davor war sie seit Ende des 9. Jahrhunderts französisch.

Heute gehört Trier zum Bundesland Rheinland-Pfalz und ist Hauptstadt des Regierungsbezirks – über 100 000 Menschen leben in der Moselmetropole.

Die Umgebung von Trier ist landschaftlich besonders reizvoll. Wälder und Höhenzüge von Hunsrück und Eifel · sowie romantische Flußtäler mit Weinbergen an Mosel, Saar und Ruwer rahmen das Stadtgebiet ein. Nur einige Autominuten entfernt ist die luxemburgische Grenze; auch die Nachbarländer Frankreich und Belgien sind in relativ kurzer Zeit zu erreichen.

In der Stadt selbst gibt es neben den imposanten römischen Denkmälern und Ausgrabungen von Weltrang natürlich auch sehenswerte Bauwerke aus den Epochen der Romanik, Gotik, Renaissance und des Barock – welche die geschichtsträchtige Vergangenheit lebendig werden lassen.

Das kulturelle Leben in der Universitätsstadt ist ausgeprägt. Man kann Museen, Galerien und Theater besuchen, in der Europahalle finden ferner vielfältige Veranstaltungen statt. Besonders die Musik wird in Trier großgeschrieben. Kirchen und historischen Bauten sind ideale Orte für zahlreiche Orgel- und Kammermusikkonzerte sowie für ein- und mehrstimmigen Chorgesang. Die Innenhöfe z. B. des Simeonsstifts und des Kurfürstlichen Palais sowie die Anlagen von Kaiserthermen und Amphitheater bieten sich außerdem für Freiluftkonzerte an.

In der Region ist Trier der Mittelpunkt des Weinbaugebietes, vorzügliche Weine von Mosel-Saar-Ruwer lassen sich zünftig im ältesten Weinkeller Deutschlands verkosten.

Viele reizvolle Cafés, Restaurants und Geschäfte – besonders rund um den historischen Hauptmarkt – ziehen Einheimische und zahlreiche Touristen täglich an.

Hauptmarkt und Simeonstraße ▽

SWISS CRYSTAL

Zeittafel der Stadtgeschichte

um 2050 v. Chr.
Der Legende nach soll die Stadt „1300 Jahre vor Rom" durch Trebeta, den Stiefsohn der Königin Semiramis, gegründet worden sein.
um 53 v. Chr.
Im Gallischen Krieg (58–51 v. Chr.) erobern die Römer unter Gaius Julius Caesar das Gebiet der aufständigen keltischen Treverer.
um 16 v. Chr.
Kaiser Augustus erkennt die strategischen Vorzüge des Gebiets und gründet hier eine Stadt: AUGUSTA TREVERORUM – Stadt des Kaisers Augustus im Land der Treverer.
1. Jahrhundert n. Chr.
Vermutlich in der Regierungszeit von Kaiser Claudius (41–54 n. Chr.) wird die Stadt zur 'Colonia' erhoben.
3. Jahrhundert
Trier wird Hauptstadt Galliens und neben Köln zur Residenz des gallischen Sonderkaisers Postumus (258–268).
um 275
Franken und Alemannen fallen weit in das römische Territorium ein. Die Stadt wird von ihnen zerstört. Nach kurzer Zeit werden die Germanen von den Römern wieder zurückgeschlagen.
285
Unter Kaiser Diocletian wird Trier (nun 'TREVERIS' genannt) Hauptstadt des westlichen Teils des Römischen Reiches und Kaiserresidenz.
4. Jahrhundert
Konstantin der Große residiert 306–316 in Trier. In dieser Zeit läßt er die Stadt neu aufbauen und schafft beeindruckende Bauwerke. Unter Konstantin breitet sich das Christentum weiter aus, außerdem wird Trier Bischofssitz. Die Blütezeit Triers dauert fast bis zum Ende des Jahrhunderts.
um 400
Trier wird als Residenz und Hauptstadt aufgegeben. Der Kaiserhof übersiedelt nach Mailand, die Präfektur nach Arles in Südfrankreich.
5. Jahrhundert
Vandalen, Sueben und Franken erobern Trier mehrfach und zerstören die Stadt.
etwa 475/480
Trier fällt an die Franken.
9. Jahrhundert
Seit dem Vertrag von Verdun im Jahr 843 gehört Trier zum Mittelreich Lothars, bis die Stadt 870 durch den Vertrag von Meersen zum Ostreich (späteres Deutschland) kommt.
882
Einfall der Normannen, die Stadt wird zerstört.
902
König Ludwig das Kind überläßt Erzbischof Radbod die königlichen Rechte.
958
Verleihung des Marktrechtes für den Hauptmarkt. Erzbischof Heinrich läßt das Marktkreuz errichten.
12. Jahrhundert
Durch eine Mauer nach Süden wird die Stadt befestigt. Ein zweiter Mauerbau folgt 1134, wodurch der Befestigungsring um die Stadt geschlossen ist.
1143–1157
Eine erste Bürgergemeinde zur Erlangung politischer Selbstständigkeit wird gegründet.
1192
Der Trierer Erzbischof erhält das Amt des Stadtvogtes zugesprochen und wird oberster Gerichtsherr.
1257
Die Trierer Erzbischöfe werden Kurfürsten.
um 1302
Die Trierer Bürgerschaft erreicht eine neue Stadtverfassung. Neben Schöffen und Ministerialen sind im Rat auch Abgeordnete der bürgerlichen Zünfte vertreten.

1307–1354
Erzbischof Balduin von Luxemburg, der Bruder des deutschen Kaiser Heinrich VII., ist der bedeutendste der Trierer Kurfürsten. Er vergrößert und prägt den Kurstaat.

1473
Die erste Universität wird eröffnet, sie bleibt bis 1798 bestehen; Träger ist die Trierer Bürgerschaft. Der Reichstag findet in Trier statt.

1512
Ein weiterer Reichstag mit Kaiser Maximilian wird in Trier abgehalten. Zum ersten Mal zeigt man die Tunika Christi – den „Heiligen Rock" – in der Domkirche öffentlich.

1559
Der Reformationsversuch des Theologen Caspar Olevian scheitert, er muß mit seinen Anhängern die Stadt verlassen.

1566–1580
Triers Bürgerschaft kämpft vergeblich um die Reichsunmittelbarkeit der Stadt. Der Schiedsspruch Kaiser Rudolfs II. nimmt der Stadt die Selbstverwaltung und unterstellt sie einem kurfürstlichen Statthalter.

17. Jahrhundert
Im Dreißigjährigen Krieg besetzen zuerst französische und dann kaiserlich/spanische Truppen Trier, bevor die Stadt wieder französisch wird.

1674
Durch die Feldzüge des Sonnenkönigs Ludwig XIV. erlebt Trier erneut Kriegshandlungen mit den Franzosen. Die Truppen unter General Vignory zerstören zahlreiche Klöster in der Stadt und der Umgebung.

nach 1714
Eine längere Friedenszeit folgt. Die wirtschaftlichen Verhältnisse werden besser, der Wiederaufbau findet statt. Trier entfaltet sich im neuen Glanz.

1794/95
Die französischen Revolutionstruppen besetzen Trier, hierdurch wird das Ende des Trierer Kurstaates eingeleitet.

1798–1801
Schließung der Universität, Auflösung des Kurstaates. Trier wird Hauptstadt des französischen 'Saardepartements'.

1815
Nach dem Wiener Kongreß kommt Trier an die Preußen, später ist die Stadt Sitz des Regierungspräsidenten.

1818
Karl Marx wird in Trier geboren.

20. Jahrhundert
Der erste Weltkrieg schwächt das wirtschaftliche Wachstum, danach wird Trier bis 1930 durch die Franzosen besetzt.

1944
Zerstörung ganzer Stadtviertel im Zweiten Weltkrieg. Kostbare Kulturdenkmäler gehen verloren.

1946
Trier wird in das neugeschaffene Bundesland Rheinland-Pfalz eingegliedert.

1964
Die Kanalisierung der Mosel ist abgeschlossen, Eröffnung des Schiffahrtsweges zwischen Koblenz und Thionville .

1969
Nach Eingemeindungen wird Trier Großstadt und hat über 100 000 Einwohner.

1970
Trier ist wieder Universitätsstadt.

1984
Zur 2000-Jahr-Feier finden viele Festlichkeiten statt.

1987
Freilegung der dritten römischen Thermenanlage (am Viehmarkt).

1996
Im Trierer Dom wird nach 1933 und 1959 zum dritten Mal im 20. Jahrhundert der „Heilige Rock", die Tunika Christi, ausgestellt.

Porta Nigra – Simeonstift

Die Porta Nigra (Schwarzes Tor) – das Wahrzeichen von Trier – ist das größte noch erhaltene Stadttor diesseits der Alpen. Errichtet wurde das Nordtor der früher 6,4 km langen römischen Stadtmauer im letzten Drittel des 2. Jahrhunderts. Den Namen „Schwarzes Tor" erhielt der Wehrbau allerdings erst im Mittelalter, nachdem sich die hellen Sandsteinblöcke im Laufe der Zeit grau-schwarz verfärbt hatten. Verbunden waren die Steinquadern nur mit Eisenkrampen, die mit Blei vergossen wurden – Mörtel verwendete man nicht. Ursprünglich baute man die beiden Türme der Porta Nigra, welche an der Nordseite halbkreisförmig hervorspringen, gleich hoch. Ein Doppeltor führt durch den Mittelbau, der einen offenen Innenhof besitzt. Einst wurden die äußeren Tore durch eiserne Fallgitter gesichert, die inneren Durchfahrten konnten durch Holztore verschlossen werden. Das imposante Monument hat

▽ *Porta Nigra*

△ *Porta Nigra*

Porta Nigra – Simeonkirche um 1600 ▽

eine Breite von 36 m, der Westturm ist etwa 30 m hoch. Mit der Herrschaft der Franken verlor die Wehranlage Ende des 5. Jahrhunderts ihre ursprüngliche Funktion. Im Mittelalter wurde die Stadtmauer mit allen anderen Stadttoren sukzessive abgebrochen – nur die Porta Nigra blieb erhalten. Der griechische Eremit Simeon, ein Freund des Trierer Erzbischofs Poppo, ließ sich 1028 im Ostturm als Einsiedler bis zu seinem Tod (1035) einmauern. Poppo gründete danach zu seinen Ehren ein Chorherrenstift (Simeonstift) und ließ die Porta in eine übereinanderliegende Doppelkirche umbauen, das Erdgeschoß wurde zugeschüttet. Eine breite Treppe führte in die Laienkirche im ersten Geschoß, eine separate Außentreppe zur darüberliegenden Stiftskirche. In den ersten Jahrzehnten nach 1800 entfernte man die mittelalterlichen Anbauten vom ehemaligen Römertor. Allein die Chorapsis blieb erhalten. An die Porta Nigra schließen sich die

◁ Porta Nigra - Innenraum

Porta Nigra – Simeonkirche um 1800 ▽

Bauten des ***Simeonstifts*** an. Die älteste deutsche Stiftsanlage bietet eine interessante Bauweise: Unüblicherweise liegt der Kreuzgang im ersten Ober- anstatt im Erdgeschoß. Ursprünglich umrahmte der Kreuzgang den schönen Innenhof auf allen vier Seiten. Heute ist er nur noch teilweise erhalten. Der Westflügel wurde 1937–38 rekonstruiert. Im Baukomplex des Simeonstifts befinden sich derzeit das Städtische Museum, die Tourist-Information und ein Restaurant.

Städtisches Museum

Die kunst- und kulturgeschichtlichen Sammlungen der Stadt Trier werden hier gezeigt. Das große Stadtmodell veranschaulicht, wie Trier um 1800 ausgesehen hat. Im Dormitorium (gotische Holzdecke) befindet sich die Skulpturensammlung. Hier sind u. a. das Marktkreuz von 958 und die Originalfiguren des Marktbrunnens zu sehen. Beachtenswert sind die Arbeiten der Gemäldesammlung, ferner finden Wechselausstellungen statt.

▽ *Städtisches Museum im Simeonstift*

Der Dom

Seinen Ursprung hat der Trierer Dom ebenso wie die Liebfrauenkirche aus einer Doppelkirchenanlage des 4. Jahrhunderts. Unter Kaiser Konstantin entstanden etwa 326 fast nebeneinander eine Süd- und eine Nordkirche im Bereich des heutigen Domes und der Liebfrauenkirche, der Legende nach anstelle eines ehemaligen Wohnpalastes der Kaiserin Helena (später hl. Helena). Zwischen diesen beiden Bauten lag eine Taufkirche, das Baptisterium. Die Ausläufer der vorgelagerten Atrien und Hallen reichten bis zum heutigen Hauptmarkt. Um 380 veränderte man den Ostteil der Nordkirche. Der römische Kern entstand – ein Quadratbau mit vier gewaltigen Granitsäulen (etwa 12 m hoch). In der Völkerwanderungszeit brannten die Franken das antike Kirchenbauwerk bis auf die Außenmauern nieder. Die Säulen stürzten um, hierdurch fielen auch die Schwibbogenkonstruktion und das Dach ein. Das

Dom ▽

Relikt einer Säule des Quadratbaus, der „Domstein", ist heute noch neben dem Domportal an der Westapsis zu sehen. Im 6. Jh. ließ Bischof Nicetius den Kernbau des Domes wiederherstellen, allerdings verwendete man diesmal Kalksteinsäulen. In der Karwoche des Jahres 882 verwüsteten die Normannen beim Sturm auf die Stadt die Kirche erneut. Durch die Initiative von Erzbischof Egbert (977–983) begann der Wiederaufbau. Er ließ die antiken Säulen mit einer kreuzförmigen Ummantelung versehen. Sein mächtiger Nachfolger, Erzbischof Poppo von Babenberg, führte die Renovierungsarbeiten fort. Eingeweiht wurde der rekonstruierte Quadratbau im Jahr 1037. Danach begann Poppo mit der Erweiterung des Domes um den Westbau. Die beiden Türme und die westliche Apsis entstanden. Zu Lebzeiten Poppos konnten die Arbeiten allerdings nicht abgeschlossen werden. Erst die beiden nachfolgenden Erzbischöfe vollendeten den Westbau. Im 12. Jh. erweiterte Erzbischof Hillin die Kirchenanlage um den spätromanischen Ostchor mit seiner polygonalen Apsis und den beiden Türmen. Am 1. Mai 1196 wurde der neue Altar geweiht. Seitdem findet das Domweihfest jährlich am 1. Mai statt. In den ersten Jahrzehnten des 13. Jahrhunderts erfolgte die Einwölbung des Baus, der bis dahin flachgedeckt war. Zu dieser Zeit ist auch der Kreuzgang entstanden, der den Dom und die Liebfrauenkirche verbindet. Um 1515 stockte man den Südwestturm auf. Den Bau der Heiltumskammer für die Aufbewahrung des Heiligen Rocks plante Bischof Johann Hugo von Orsbeck 1687. Die Baumaßnahmen der Kapelle dauerten von 1702–1708, sie wurde dem Ostchor angefügt. Im Rahmen der Renovierungsarbeiten nach dem Brand von 1717 erhielt

Dom, Hochaltar – Orgel ▷

der Dom durch den Barockbaumeister Judas sein Querschiff. Mehrere Restaurierungen der Kirche folgten in den nächsten Jahrhunderten. Hierbei wurde der Charakter des Domes aber nicht mehr wesentlich verändert. Im Inneren gibt es viel Sehenswertes. Zu nennen sind z. B. die Steinbildwerke aus dem 12. Jh. sowie der Renaissance- und Barockzeit (Grabmäler verschiedener Bischöfe, Allerheiligenaltar, Vorderteil der Heiltumskammer von J. W. Fröhlicher). Das große Tympanonportal, welches vom Dom in die Liebfrauenkirche führt, stammt aus dem 12. Jh. In der Heiltumskammer wird die vornehmste Reliquie aufbewahrt: der **Heilige Rock**. Im 4. Jh. fand wohl die heilige Helena, Mutter des römischen Kaisers Konstantin, die Tunika Christi. Auf ihr Geheiß soll das Gewand von Jerusalem nach Trier gebracht worden sein. Lange Zeit hielt man die Herrenreliquie vor der Öffentlichkeit unter Verschluß, 1196 mauerte man sie im

▽ *Heilig-Rock-Schrein in der Heiltumskapelle*

neuen Altar des Ostchors ein. Beim Reichstag in Trier im Jahr 1512 hat man den Heiligen Rock zum ersten Mal auf Veranlassung Kaiser Maximilians öffentlich gezeigt. Danach wurde die Reliquie sporadisch in Verbindung mit Wallfahrten außerhalb der Heiltumskammer präsentiert, u. a. 1933 und 1959. Vom 19. April bis 16. Mai 1996 hatten die Pilger erneut die Möglichkeit, den Heiligen Rock in einem Glasschrein liegend in der Mitte des Domes sehen zu können. Der reiche Domschatz wird im Badischen Bau am Domkreuzgang gezeigt. Vom südlichen Seitenschiff ist der Zugang zur Schatzkammer möglich. Die Exponate gehören zu den bedeutendsten Kirchenschätzen von Deutschland. Vorrangig findet man lithurgisches Gerät vergangener Jahrhunderte. Ferner sind u. a. erwähnenswert: der Andreas-Tragaltar (10. Jh., ein frühes Meisterwerk der Goldschmiedekunst), eine spätantike Elfenbeintafel sowie die Hülle für den Heilgen Nagel.

'Heiliger Rock' ▽

Liebfrauenkirche

Direkt neben dem Dom liegt die Liebfrauenkirche. Sie gilt als eine der ersten gotischen Kirchen Deutschlands und stellt als Zentralbau eine Besonderheit in der Epoche der frühen Gotik dar. Entstanden ist der monumentale Rundbau über dem Ostteil der antiken Südkirche von 1235–1260 wohl in Anlehnung an französische Kirchenbauten, insbesondere an die Kathedrale von Reims. Von der Raummitte der Kirche gehen vier Kreuzarme aus. Drei davon sind gleich lang, nur der Ostchor ist um ein Joch länger. In den Winkeln der vier Kreuzarme befinden sich je zwei Seitenkapellen. Somit gleicht der Grundriß einer Rose, dem mystischen Symbol Marias. Die Fassade mit dem Hauptportal am westlichen Kreuzarm besitzt als Schmuck zahlreiche Figuren. Über dem Vierungsquadrat ist das Gewölbe etwa 35 m hoch, insgesamt zwölf Säulen (vier stärkere und acht schlanke) tragen

▽ *Kreuzgang*

△ Westportal *Liebfrauenkirche ▽*

die gesamte Decke. Die bemalten Säulen zeigen die Bildnisse der zwölf Apostel. Von einem bestimmten Punkt aus, der durch einen schwarzen Stein im Boden markiert ist, kann man in einem Rundblick alle Abbildungen der Apostel sehen. Bis zum Jahr 1631 besaß der Vierungsturm einen schlanken hölzernen – etwa 80 Meter hohen – Turmhelm, der durch einen Blitzschlag vernichtet wurde. Später ersetzte man diesen dann durch ein Flachdach. Die Fenster haben von der Form her frühgotischen Charakter, nur die Rundbogenfenster des Vierungsturms zeigen romanische Elemente. Beachtenswert sind die modernen und bunten Glasscheiben des Chores. Durch das 'Paradies' – der nördlichen Vorhalle, die den Dom und die Liebfrauenkirche verbindet – gelangt man zum Nordportal, in dessen Bogenfeld die Marienkrönung dargestellt ist. Ferner befinden sich im 'Paradies' sehenswerte Epitaphien.

▽ *Liebfrauenkirche*

Bischöfliches Dom- und Diözesanmuseum

Das Museum befindet sich seit 1988 im Gebäude des ehemaligen Stadtgefängnisses (erbaut 1830 von J. G. Wolff) in der Windstraße am Dom. Für diesen Zweck hatte man den klassizistischen Bau innen umgestaltet. Außen wurde er in der ursprünglichen Form wiederhergestellt und erweitert. Das Museum selbst besteht seit 1904. Die Basis geht auf archäologische Forschungen Mitte des 19. Jh. zurück, als J. N. von Wilmowsky umfangreiche Funde im Dom erbrachte. Erweitert wurde die Sammlung durch Stücke des gesamten Bistums. Ausgestellt sind u. a. Exponate aus frühchristlichen Gräberfeldern und der antiken Doppelkirchenanlage. Besonders sehenswert sind die prunkvollen konstantinischen Deckenmalereien des Kaiserpalastes. 1945 wurden etwa 50 000 Bruchstücke gefunden, in zwei Grabungen geborgen und in jahrzehntelanger Arbeit zusammengesetzt.

Frauenbildnis, Deckenmalerei aus der Zeit um 320 ▽

Rund um den Hauptmarkt

Das Zentrum der Trierer Altstadt ist der ***Hauptmarkt***. Er ist Schauplatz vieler städtischer Veranstaltungen und Volksfeste, regelmäßig findet hier das übliche Marktgeschehen statt. Durch H. R. Hoffmann wurde 1595 der ***Petrusbrunnen*** (Marktbrunnen) im Südostwinkel des Marktes errichtet. Die Brunnensäule wird bekrönt durch den Stadtpatron St. Petrus, die Figuren im unteren Bereich verkörpern die vier Kardinaltugenden. Das herausragende Bauwerk des Hauptmarkts ist die ***Steipe***, sie wurde 1430–83 als Fest- und Trinkhaus des Stadtrates errichtet. Der Name Steipe leitet sich von den Stützen der offenen Spitzbogenarkaden ab, welche in der einheimischen Mundart „Steipen" genannt werden. Die vier Plastiken der Front des Erdgeschosses stellen die vier Stadtheiligen dar, die Statuen des ersten Obergeschosses zwei Roland-Ritter. 1944 wurden die Steipe und das danebenstehende ***Rote Haus*** (1684) zerstört, später

▽ Petrusbrunnen

Rotes Haus ▽

▽ Steipe *Weihnachtsmarkt auf dem Hauptmarkt △*

UGENOPTIK
HAUPTMARKT
FRERE

dann wiederhergestellt. Über den Fenstern des ersten Obergeschosses des Roten Hauses steht in goldenen Buchstaben: 'ANTE ROMAM TREVERIS STETIT ANNIS MILLE TRECENTIS PERSTET ET AETERNA PACE FRUATUR. AMEN!' ('Eher als Rom stand Trier, eintausenddreihundert Jahre, möge es weiter bestehen, ewigen Friedens sich freun!'). Aus Anlaß der Verleihung des Marktrechtes errichtete Erzbischof Heinrich I. 958 das ***Marktkreuz***. Das Original befindet sich im Städtischen Museum, die Granitsäule ist römischen Ursprungs. Gegründet wurde die Marktkirche ***St. Gangolf*** wohl im 10. Jh., der heute spätgotische, teilweise barockisierte Bau (14./15. Jh.) und der Turm (Beginn des 16. Jh.) wurden mehrmals renoviert. In den sehenswerten Bürger- und Fachwerkhäusern rund um den Markt befinden sich viele Restaurants, Cafés und Geschäfte. Der Platz bietet ein reizvolles Ambiente für den jährlich stattfindenden *Weihnachtsmarkt.*

◁ St. Gangolf

Marktkreuz ▽

▽ Fachwerkhäuser

Portal von St. Gangolf △

Palais Kesselstadt

1740–45 ließ K. M. Freiherr von Kesselstadt das Palais vom Mainzer Rokoko-Architekten J. V. Thomann errichten. Trotz der ungünstigen Lage des Eckgrundstückes verstand er es, für den Bau eine repräsentative Fassade zu schaffen.

Dreikönigenhaus

Das spätromanisch/frühgotische Bürgerhaus (palastartige Fassade) stammt aus der ersten Hälfte des 13. Jh. Bei der Errichtung orientierte man sich an den romanischen Wohntürmen. Ursprünglich waren im Erd- und ersten Obergeschoß keine Fenster, der Eingang befand sich im zweiten Stock und konnte nur über eine Leiter erreicht werden.

Kornmarkt

Das neobarocke ***Postgebäude*** entstand 1881 (1910 vergrößert), beim Bau wurden Architekturteile des ursprünglichen Rokokopalais von 1759 mit einbezogen. Der reizvolle ***Georgsbrunnen*** wurde 1750/51 im Rokokostil nach den Plänen von J. Seiz angelegt.

▽ Palais Kesselstadt

Dreikönigenhaus ▽

▽ Postgebäude am Kornmarkt

Georgsbrunnen ▽

Rathaus (ehem. Augustinerkloster)

1722 begann man mit der Errichtung des ehemaligen Klostergebäudes der Augustiner, 1802 wurde das Kloster selbst aufgelöst. Teile des Baus sind noch erhalten – heute ist hier die Stadtverwaltung untergebracht. Im Chor (Anfang des 14. Jh.) der früheren Augustinerkirche befindet sich der Sitzungssaal des Stadtrates. Hier ist das Tympanonrelief des ehemaligen Neutores sehenswert, es stammt aus der Zeit um 1142.

Stadttheater

Nachdem das alte Trierer Theater im Zweiten Weltkrieg zerstört worden war, baute man 1962–64 das Stadttheater nach den Entwürfen der Architekten Professor Gerhard Graubner (Hannover) und Hans Schneider (Trier) neu. Das moderne Gebäude bietet einen deutlichen Kontrast zum gegenüberliegenden barocken Augustinerhof. Der Bühnenturm hat eine Kupferverkleidung, die Foyers im Inneren sind auf zwei Ebenen angelegt.

△ Rathaus *Stadttheater ▽*

Basilika • Römische Palastaula

Zu den bermerkenswertesten Baudenkmälern der Spätantike gehört die Basilika. Kaiser Konstantin der Große ließ Anfang des 4. Jh. auf den Resten einer älteren Anlage seinen kaiserlichen Palast errichten. Damals umfaßte die weitläufige Residenz mehrere Großbauten, die Palastaula war das Zentrum, wohl Thronsaal oder Audienzhalle. Sie besteht aus einem rechteckigen ungeteilten Langhaus. An der nördlichen Stirnseite ist eine Apsis angefügt, auf der Südseite befanden sich ursprünglich Vorbauten, die quer zur Basilika lagen. Das Ziegelbauwerk war verputzt und teilweise farbig bemalt; Überreste befinden sich noch in den Fensterlaibungen. Den Bau gliederten horizontal zwei hölzerne Außengalerien unterhalb der Fensterreihen, zu erreichen über zwei Treppenspindel rechts und links der Apsis. Die Außenmauer der Basilika ist 2,70 m dick. Der Saal hat eine Länge von 67 m und eine Breite von etwa 27 m, die Höhe

▽ *Kaiser Konstantin (im Trierer Dom)*

▽ *Bronzemünze Constantinus II.*

beträgt 30 m. Demnach würde die imposante Porta Nigra zweimal in diesen gewaltigen Raum passen. Einst war das Innere der Halle prächtig ausgestattet. Die Wände hatten eine kostbare Marmorverkleidung, Goldmosaike zierten die Wandnischen. Der gesamte schwarz-weiße Marmorfußboden wurde von unten beheizt (Hypokaustum), auch die Wände nutzte man als Heizfläche. In fränkischer Zeit diente die Basilika als Königspfalz, seit dem 13. Jh. hatte der Trierer Erzbischof im 'Palatium' seine Residenz. Beim Bau des kurfürstlichen Palastes im 17. Jh. wurde die Basilika integriert – hierfür trug man große Teile der Halle ab. Nach einer wechselvollen Geschichte wurden die Anbauten im 19. Jh. entfernt, die Basilika umgestaltet. 1856 übernahm die evangelische Gemeinde sie als Gotteshaus (Erlöserkirche). Im Zweiten Weltkrieg brannte die Basilika ganz aus, man rekonstruierte sie bis 1956 mit einer gewaltigen Kassettendecke.

Basilika • Römische Palastaula ▽ ▷▷

Kurfürstliches Schloß • Petersburg-Portal und Roter Turm △

Kurfürstliches Schloß
Roter Turm und Petersburg-Portal

Die heutigen Bauten im Norden und Osten der später vierflügeligen Renaissance-Residenz ‘Petersburg’ entstanden seit 1615. Lothar von Metternich ließ die Arbeiten vom bekannten Baumeister Georg Riedinger ausführen, unter Philipp von Sötern wurde der Palast erst vollendet. Die Basilika integrierte man in den Bau, nachdem man die Ost- und Südwand abgerissen hatte. Vorgelagert wurde dem Hochschloß nördlich ein zweiter Binnenhof, um den sich das Niederschloß gruppierte. Der Neubau des Rokoko-Palais 1756–61 hat den ursprünglichen Südtrakt ersetzt, die Rekonstruktion der Basilika im 19. Jh. den Westbau. Der Rote Turm, einst Sitz von Kanzlei und Archiv – heute Glockenturm der Basilika, und das ‘Petersburg-Portal’ des Niederschlosses sind nach Beschädigungen im Zweiten Weltkrieg wiederhergestellt worden.

◁◁ *Rokoko-Treppenhaus im Kurfürstlichen Palais*

Kurfürstliches Palais
Als Kurfürst J. Ph. von Walderdorff 1756 an die Regierung kam, entsprach das bestehende Schloß nicht seinen Vorstellungen. So plante er die Umgestaltung der gesamten Schloßanlage. Verwirklicht wurde aber nur der Südflügel – das Rokoko-Palais. Mit dem Bau beauftragte er den Architekten J. Seiz, Schüler des genialen B. Neumann. Die Skulpturen stammen von F. Tietz. Bei der Rekonstruktion der Basilika ab 1944 wurde der westliche Flügel teilweise abgerissen, so daß die Gartenfassade heute unsymmetrisch ist. Von der einst reichen Innenausstattung zeugt noch ein kostbares Treppenhaus. Als Meisterwerk des deutschen Barocks gilt das Rocaillegeländer von F. Tietz. Von ihm stammen auch die Götterfiguren im Palastgarten, der ab 1981 nach alten Plänen erneuert wurde. Seit der Wiederherstellung 1954–56 (wegen Kriegsschäden) ist das Palais Verwaltungsbau der Bezirksregierung.

Kurfürstliches Palais ▽

Barbarathermen
Um 150 n. Chr. errichteten die Römer im Stadtteil St. Barbara den drittgrößten Badepalast des antiken Weltreiches. Mehrere Jahrhunderte wurden die Anlagen (verschiedene Bäder, Hallenschwimmbecken, Saunabäder, Gymnastikplatz, Umkleide- und Waschräume usw.) genutzt. Das Areal hatte eine Größe von etwa 172 x 240 m und die Bauten waren außen wie innen wohl kostbar ausgestattet. Hier traf man sich nicht nur zur Körperpflege, der Badepalast war auch gesellschaftliches Zentrum. Da die Barbarathermen in späterer Zeit verfielen und dann als Steinbruch dienten, sind nur noch Fundamente, Kellergänge und Überreste des bemerkenswerten Fußbodenheizsystems (Hypokaustum) erhalten und teilweise ausgegraben. Von der einstigen Pracht zeugen allerdings Funde, wie der kostbare Marmortorso einer Amazone, römisches Duplikat des griechischen Originals des Phidias (Landesmuseum).

▽ *Barbarathermen*

Kaiserthermen

Die jüngste Thermenanlage Triers entstand unter Kaiser Konstanin in der ersten Hälfte des 4. Jh., allerdings wurde sie für den eigentlichen Zweck nie genutzt. Als Konstantin Trier verließ, befand sich der großzügige symmetrische Badepalst vermutlich noch im Rohbau – seine Nachfolger gestalteten den Komplex vollkommen um. Mit einer Größe von 250 x 145 m gehört auch diese Anlage zu den größten Bädern der Antike. Im Mittelalter dienten die Bauten als Eckbastion der Stadtmauer, bis zum 19. Jh. wurde ein Fenster des Caldariums als Stadttor benutzt. Mehrere Ausgrabungen legten das gesamte – heute wieder überschaubare – Areal frei, Sanierungs- und Rekonstruktionsarbeiten wurden durchgeführt. Sehenswert sind einige Räume, Brennstellen für die Beheizung (Präfurnien) und vor allem das komplizierte unterirdische Gang- und Leitungssystem, das teilweise übereinander liegt.

Kaiserthermen ▽

Amphitheater

Die ovale Arena aus der Zeit um 100 n. Chr. ist der älteste noch erhaltene Römerbau Triers. Eine Seite der Anlage (etwa 70 x 50 m) wurde geschickt in den Hang des Petrisberges hineingebaut. Von etwa 20 000 Sitzplätzen auf drei Rängen mit Sitzreihen aus Stein ließ man sich durch Gladiatorenkämpfe unterhalten. Einst verbanden dreibogige Tore mit Prunkportalen im Norden und Süden die beiden Hälften des Ovals. Zwei Zugänge der Westseite zum Zuschauerbereich blieben erhalten. Dazwischen lag die ehemalige Kaiserloge. Die zur Arena geöffneten Kammern hinter der Einfassungsmauer waren wohl Tierkäfige, der Keller ist noch begehbar. Römische Entwässerungskanäle leiten bis heute noch das Regenwasser ab. Im 2. Jh. integrierte man das Amphitheater in die Befestigungsanlage der Stadt, im 19. Jh. wurde die Anlage als Steinbruch mißbraucht.

▽ *Amphitheater*

Karl-Marx-Haus
In diesem typischen schlichten Trierer Bürgerhaus des 18. Jh. wurde der Philosoph und Kritiker der Nationalökonomie 1818 geboren. Kurze Zeit später zog die Familie allerdings in die Simeonstraße um. Heute befindet sich im Karl-Marx-Haus ein von der Friedrich-Ebert-Stiftung eingerichtetes und betreutes Museum. Das Leben von Karl Marx und seine Werke werden durch umfangreiche Dokumente dargestellt.

Karl-Marx-Haus △ ▽

△ *Handwerkerbrunnen*

Handwerkerbrunnen

Der als Eichbaum von K. Apel gestaltete Brunnen aus Messing stellt in Form von Figuren oder Zunftzeichen die 42 Innungen des Kammerbezirks dar.

Universität

Auf dem Tarforster Plateau hoch über der Stadt befindet sich heute die Universität Trier. Der moderne, futuristische Bau bietet architektonisch einen interessanten Kontrast zu den historischen Bauten in der Altstadt. Die erste Universität Triers war 1473 gegründet worden, 1798 schlossen die Franzosen diese aber wieder. Im Jahr 1970 wurde sie dann neu gegründet. Fünf Fachbereiche sind heute im Angebot: neben verschiedenen Geisteswissenschaften auch Wirtschafts- und Rechtswissenschaften. Seit 1952 besteht ferner eine Kooperationsvereinbarung mit der Theologischen Fakultät Trier.

△ *Hauptbahnhof*

Universität ▽

Rheinisches Landesmuseum

Bereits 1877 wurde das „Rheinische Provinzialmuseum Trier“ gegründet, die erste Unterkunft erhielt es 1889. Den Grundstock für das Museum bildeten u. a. die Sammlungen der „Gesellschaft für nützliche Forschungen“ und die Steinsammlung der Stadt. Reiche Funde machten im Laufe der Jahre mehrere Ausbauten nötig–der letzte Teil konnte 1987 seiner Bestimmung übergeben werden. Mit heute 7000 m² Ausstellungsfläche gehört die Sammlung zu den bedeutendsten archäologischen Museen in Deutschland. Eingeteilt ist das Rheinische Landesmuseum in vier Bereiche: vorgeschichtliche, gallo-römische, merowingisch/fränkische und mittelalterlich/neuzeitliche Abteilung. Bemerkenswert ist, daß alle Exponate aus Trier oder der Trierer Umgebung stammen. Die *vorgeschichtliche Abteilung* zeigt Funde aus der Stein-, Bronze- und Eisenzeit (diverse Waffen, Geräte, Schmuck und Gefäße). Die ‘Huns-

Rheinisches Landesmuseum ▽

Die ‘Gräberstraße’ im Rheinischen Landesmuseum ▽

rück-Eifel-Kultur wird als regionale Sondergruppe berücksichtigt, ferner nehmen kunstgewerbliche Stücke im Latènestil einen wesentlichen Teil ein. Besonders umfangreich ist die *gallo-römische Abteilung*. Eindrucksvolle Mosaikböden sind hier zu sehen. Ein prachtvolles Beispiel ist das Rennfahrer-Mosaik, welches aus den Kaiserthermen stammt. Darüberhinaus sind viele meisterliche Marmor-Plastiken vorhanden, wie z. B. der Torso einer Amazone aus den Barbarathermen (Kopie der Amazone des Phidias). Zu nennen sind ferner die bekannten Neumagener Grabdenkmäler, hierzu gehören auch das Steinfragment mit dem 'fröhlichen Steuermann' sowie das 'Neumagener Weinschiff'. Diese und weitere Denkmäler mit Bildszenen aus der Mythologie und dem täglichen Leben der damaligen Zeit stehen in der 'Gräberstraße' des Museums. Das größte erhaltene Exemplar ist die 'Igeler Säule', deren Original allerdings in Igel, einem Ort in der

▽ *Mosaik mit siegreichem Rennfahrer Polydus • Trier, um 250 n. Chr.*

Nähe von Trier, steht. Die Sammlung vieler römischer Gläser beinhaltet das bekannte und erwähnenswerte 'Diatretglas'. Aus der *merowingisch-fränkischen Zeit* findet das Elfenbeinrelief, welches Abraham mit seinen sieben Getreuen zeigt, große Beachtung. Folgende Exponate beeindrucken u. a. in der *Abteilung Mittelalter und Neuzeit*: das romanische Kapitell mit den vier Paradiesflüssen sowie das gußeiserne Relief der Muttergottes mit Kind.

▽ *Diatretglas, 4. Jahrhundert*

▽ *Neumagener Weinschiff*

Igeler Säule ▷

St. Paulin

Die erste, romanische Kirche an dieser Stelle war Aufbewahrungsort für die Gebeine des hl. Paulinus. Nach der Zerstörung mehrerer Vorgängerbauten – zuletzt 1674 durch General Vignory – entstand unter Erzbischof F. G. von Schönborn ab 1734 die heutige Paulinuskirche. 1757 wurde sie unter J. Ph. Walderdorff geweiht. Mit den Planungen hatte zunächst Ch. Kretschmar begonnen, der berühmte Baumeister B. Neumann führte diese weiter. Das von außen eher schlichte Kirchenschiff wird nur durch den davorliegenden Turm betont. Umso mehr wird man im Inneren der ehemaligen Stiftskirche von der heiteren, jubilierenden Pracht des Rokoko überwältigt. Bedeutende Künstler wie Arnold, Scheffler, Seiz und Tietz haben St. Paulin ungemein reich ausgestattet. Besonders sehenswert sind u. a. die Stukkaturen, Plastiken und Deckengemälde sowie der prachtvolle Hochaltar.

▽ St. Paulin

St. Paulin, Innenraum mit Hochaltar ▷

Zurlauben

Am Zurlaubener Ufer befand sich früher eine Fischer- und Schiffersiedlung. Fast 200 Jahre alt sind die reizvollen Häuser. Gegenüber liegen die Gärten und die mit Efeu sowie Weinlaub umrankten Pavillons und Lauben. Heute laden urige Restaurants und Wirtschaften zum Verweilen ein. Am Ufer befinden sich die ***Schiffsanlegestellen***. Von hier lassen sich schöne Ausflugsfahrten auf der idyllischen Mosel machen.

Alte Moselkrane

Zum Beladen und Löschen von Schiffen (rege Handelstätigkeit bis in das 18. Jh.) waren Krane erforderlich. Bereits 1413 baute man den Alten Kran, 1774 wurde flußaufwärts der Zollkran in Dienst genommen. Beide Krane sind gleicher Bauart: Das drehbare Kegeldach hat zwei Auslegearme. Über die daran angebrachten Rollen laufen Seile in das Innere. Dort werden die Seilwinden über Treträder betätigt Die Mechanik ist noch intakt.

▽ *Zurlauben • Schiffsanlegestellen*

▽ *Zurlauben*

△ *Alter Moselkran*

Blick auf Trier ▽

St. Matthias

Ganz im Süden der Stadt liegt St. Matthias – Benediktinerabtei und Pfarrkirche. Die ersten Vorgängerbauten der Kirche legte man auf einem römisch-frühchristlichen Gräberfeld außerhalb der Stadtbefestigung an. Hier wurden auch die ersten Bischöfe Triers (St. Eucharius und St. Valerius) im 4./5. Jh. in Grufträumen begraben. Von den antiken Grabkammern ist noch die Albanagruft aus dem 3. Jh. erhalten und zu besichtigen. Der heutige Kirchenbau ist romanisch und wurde 1127–60 geschaffen. Beim Abbruch der älteren Euchariuskirche entdeckte man das Grab des Apostels Matthias – das einzige Apostelgrab nördlich der Alpen (bis heute vielbesuchter Wallfahrtsort). Hierdurch wurde der Name „Eucharius“ durch „Matthias“ ersetzt. Das spätgotische Netzgewölbe entstand um 1500, im 18. Jh. der frühklassizistische Balustradenabschluß der Türme.

▽ *St. Matthias*

INFORMATIONEN • ADRESSEN • ÖFFNUNGSZEITEN

INFORMATION

❒ Tourist-Information Trier
Stadt und Land e.V.
Simeonstift • An der Porta Nigra
D-54290 Trier
☏ (06 51) 9 78 08-0,
FAX (06 51) 4 47 59
Internet: http://www.trier.de
eMail: info@tit.de
Januar–Februar:
Mo–Fr 10–17 Uhr, Sa 9–13 Uhr
März: Mo–Sa 9–18 Uhr, So 9–13 Uhr
April–Oktober:
Mo–Sa 9–18.30 Uhr, So 9–15.30 Uhr
November–Dezember:
Mo–Sa 9–18 Uhr, So 9–13 Uhr

STADTBESICHTIGUNG

(Anmeldung/Reservierung bei der Tourist-Information Trier)

❒ Stadtrundgänge (deutsch/2 Std.)
27. April–Anfang November:
täglich 10.30 und 14.30 Uhr

❒ City-Walking-Tour (2 Std.)
englischsprachiger Stadtrundgang
Juni–August: täglich 13.30 Uhr
Mai/September/Oktober: Sa 13.30 Uhr

❒ Stadtrundfahrten (deutsch/2 Std.)
Ende April–Ende Oktober:
täglich 14 Uhr

❒ Römer-Expreß
April–Oktober: 10–18 Uhr
ca. alle 20–25 Min.
November und März: 11–16 stündlich

SEHENSWÜRDIGKEITEN

❒ Porta Nigra, Kaiserthermen, Amphitheater und Barbarathermen
Oktober–März: täglich 9–17 Uhr
April–September: täglich 9–18 Uhr

❒ Basilika • Römische Palastaula
☏ (06 51) 4 25 70
April–Oktober:
Mo–Sa 10–18 Uhr
So, feiertags 12–18 Uhr
November–März:
Di–Sa 11–12 und 15–16 Uhr
So und feiertags 12–13 Uhr

❒ Dom
April–Oktober: täglich 6.30–18 Uhr
Nov.–März: täglich 6.30–17.30 Uhr

❒ Domschatzkammer
April–Oktober:
Mo–Sa 10–17 Uhr,
So und feiertags 13.30–17 Uhr
November–März:
Mo–Sa 11–16 Uhr, So 13.30–16 Uhr

❒ Liebfrauenkirche
täglich 8–12 Uhr und 14–18 Uhr

❒ St.-Matthias-Abteikirche
☏ (06 51) 3 10 79, täglich 7–18 Uhr

❒ St.-Paulin-Kirche
☏ (06 51) 2 40 10 oder 2 40 19
Mo–Sa 9–18 Uhr, So 10–18 Uhr,
Fr vormittag geschlossen

MUSEEN

❒ Städtisches Museum Simeonstift
(an der Porta Nigra),
☏ (06 51) 7 18–14 50
FAX (06 51) 7 18–14 58
November–März:
Di–Fr, 9–17 Uhr
Sa, So, feiertags, 9–15 Uhr
April–Oktober:
täglich 9–17 Uhr

❒ Rheinisches Landesmuseum
Weimarer Allee 1
☏ (06 51) 9 77 40
FAX (06 51) 97 74–2 22
Mo–Fr, 9.30–17 Uhr;
Sa, So, 10.30–17 Uhr
November–April montags geschlossen

❒ Bischöfliches Dom- und Diözesanmuseum,
Windstraße 6–8
☏ (06 51) 71 05-2 55
FAX (06 51) 71 05-3 48
April–Oktober:
Mo-Sa, 9–17 Uhr
So und feiertags, 13–17 Uhr
November–März:
Di-Sa, 9-13 Uhr und 14–17 Uhr
So und feiertags, 13–17 Uhr

❒ Karl-Marx-Haus, Museum
Brückenstraße 10
☏ (06 51) 9 70 68-0
FAX (06 51) 9 70 68-140
November–März:
Di–So, 10–13 und 14–17 Uhr
Mo, 14–17 Uhr
April–Oktober:
Di–So, 10–18 Uhr, Mo, 13–18 Uhr

❒ Spielzeugmuseum
Nagelstraße 4–5
☏ (06 51) 7 58 50
täglich 11–17 Uhr

MOSEL-SCHIFFAHRT

❒ Personenschiffahrt Gebr. Kolb OHG
56820 Briedern/Mosel
☏ (0 26 73) 15 15
FAX (0 26 73) 15 10
Agentur Trier
☏ (06 51) 2 63 17 (nur Mai–Okt)
Mai–Mitte Oktober: täglich
Abfahrt: am Zurlaubener Ufer (Stadthafen)
Reservierung und Fahrkarten:
Tourist-Information Trier

❒ Köln-Düsseldorfer
Deutsche Rheinschiffahrt AG
Nähere Auskünfte:
Köln-Düsseldorfer
☏ (0 22 1) 20 88-318
FAX (0 22 1) 20 88-345
oder bei der Tourist-Information Trier
Abfahrt:
Stadthafen Trier–Zurlauben
täglich diverse Fahrten

Mariensäule

Auf einem Steilhang erhebt sich 300 Meter ü. d. M. die Mariensäule. Durch eine Marienstatue wird der 40 m hohe turmartige Bau abgeschlossen. Die Errichtung des 1866 eingeweihten Denkmales wurde durch Spenden Trierer Bürger ermöglicht – in Erinnerung an die Verkündung des Dogmas der Unbefleckten Empfängnis Mariens. Abends wird das Denkmal durch eine reizvolle Beleuchtung geschmückt.

Römerbrücke

Von den verbliebenen sieben Pfeilern stammen fünf noch aus römischer Zeit. Erbaut wurde die Brücke im 2. Jh.; sie ist bereits der dritte Bau an fast der gleichen Stelle. Die ursprünglichen Pfeiler haben einen Gußmauerkern und eine Verkleidung aus Basaltquadern, die durch Eisenkrampen zusammengehalten werden; die Fahrbahn bestand bis ins Mittelalter aus einer Holzkonstruktion. Von 1717/18 stammen die heutigen Brückenbögen.

△ Mariensäule mit Blick auf Trier

Römerbrücke ▽